Impressum
Verlag: BABADADA GmbH, Nedderfeld 112 , 22529 Hamburg
Geschäftsführer / Verlagsleitung: Harald Hof
Druck: Books on Demand GmbH, In de Tarpen 42, 22848 Norderstedt

Imprint
Publisher: BABADADA GmbH, Nedderfeld 112 , 22529 Hamburg, Germany
Managing Director / Publishing direction: Harald Hof
Print: Books on Demand GmbH, In de Tarpen 42, 22848 Norderstedt, Germany

mekdep

школа

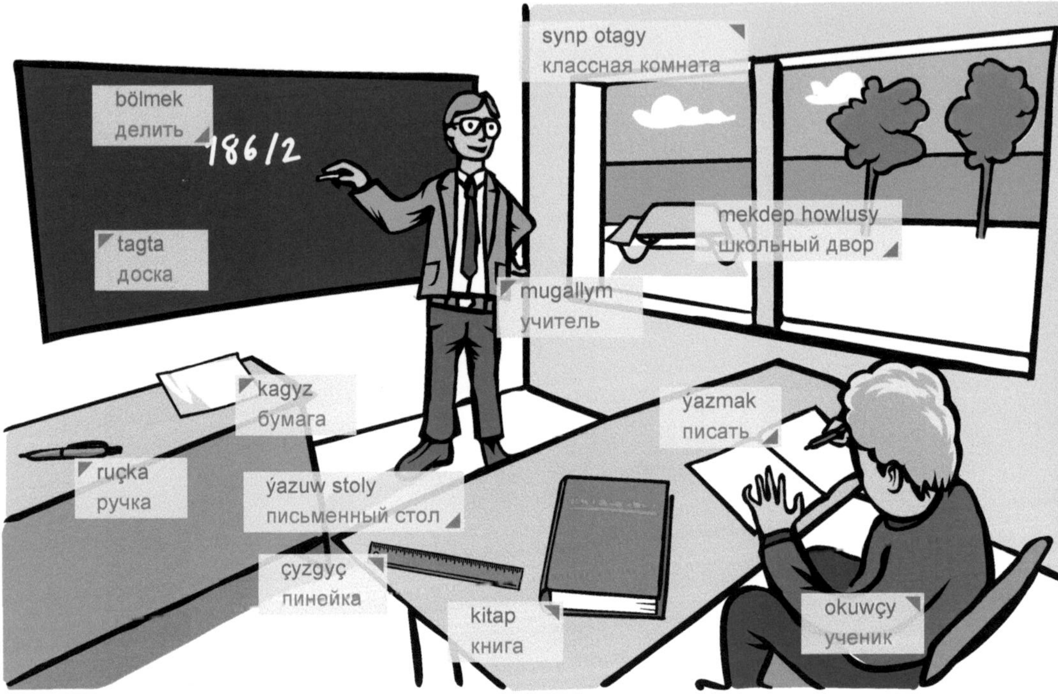

synp otagy
классная комната
bölmek
делить
186/2
tagta
доска
mekdep howlusy
школьный двор
mugallym
учитель
kagyz
бумага
ýazmak
писать
ruçka
ручка
ýazuw stoly
письменный стол
çyzgyç
линейка
kitap
книга
okuwçy
ученик

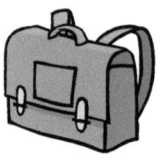

ranes

ранец

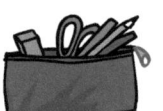

penal

пенал

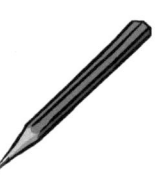

galam

карандаш

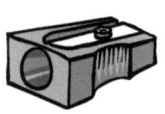

galam artylýan

точилка

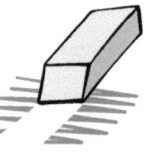

bozguç

ластик

surat çekmek üçin albom

альбом для рисования

surat

рисунок

çotgajyk

кисточка

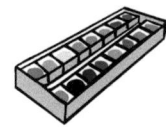

reňkli guty

коробка красок

gaýçy

ножницы

ýelim

клей

depder

тетрадь

öý işi

домашняя работа

san

цифра

goşmak

прибавлять

aýyrmak

вычитать

köpeltmek

умножать

hasaplamak

считать

harp

буква

elipbiý

алфавит

söz

слово

tekst

текст

okamak

читать

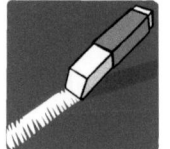

hek

мел

sapak

урок

synp dergisi

классный журнал

synag

экзамен

diplom

диплом

mekdep lybasy

школьная форма

bilim

образование

ensiklopediýa

энциклопедия

uniwersitet

университет

mikroskop

микроскоп

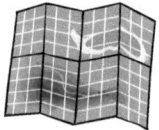

karta

карта

kagyz üçin sebet

корзина для бумаг

syýahat
путешествие

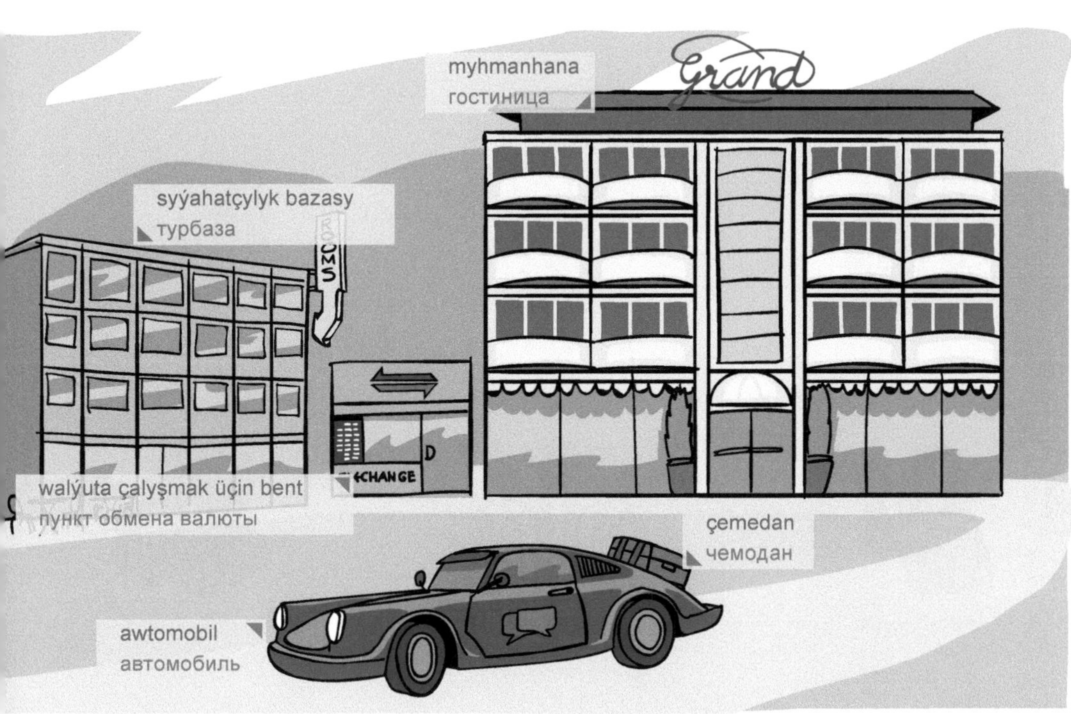
myhmanhana
гостиница
Grand
syýahatçylyk bazasy
турбаза
ROOMS
EXCHANGE
walýuta çalyşmak üçin bent
пункт обмена валюты
çemedan
чемодан
awtomobil
автомобиль

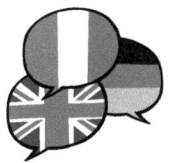

dil
язык

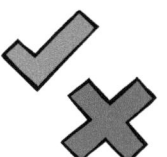

hawwa / ýok
да / нет

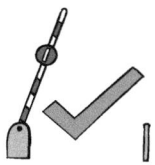

bolýa
хорошо

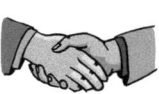

salam
Привет

terjimeçi
переводчик

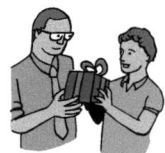

Minnetdar
Спасибо

bahasy näçe?

Сколько стоит…?

men düşünmeýärin

Я не понимаю

mesele

проблема

Agşamyňyz haýyr!

Добрый вечер!

Ertiriňiz haýyrly!

Доброе утро!

Gijäňiz rahat bolsun!

Доброй ночи!

görüşýänçäk

До свидания

ugur

направление

ýük

багаж

torba

сумка

eginden asylýan torba

рюкзак

myhman

гость

otag

комната

halta ýorgan

спальный мешок

çadyr

палатка

syýahatçylyk maglumaty

туристическая информация

kenarýaka

пляж

karz karty

кредитная карточка

ertirlik

завтрак

günortanlyk

обед

agşamlyk

ужин

petek

билет

lift

лифт

poçta markasy

почтовая марка

çäk

граница

gümrük

таможня

ilçihana

посольство

wiza

виза

pasport

паспорт

ulag

транспорт

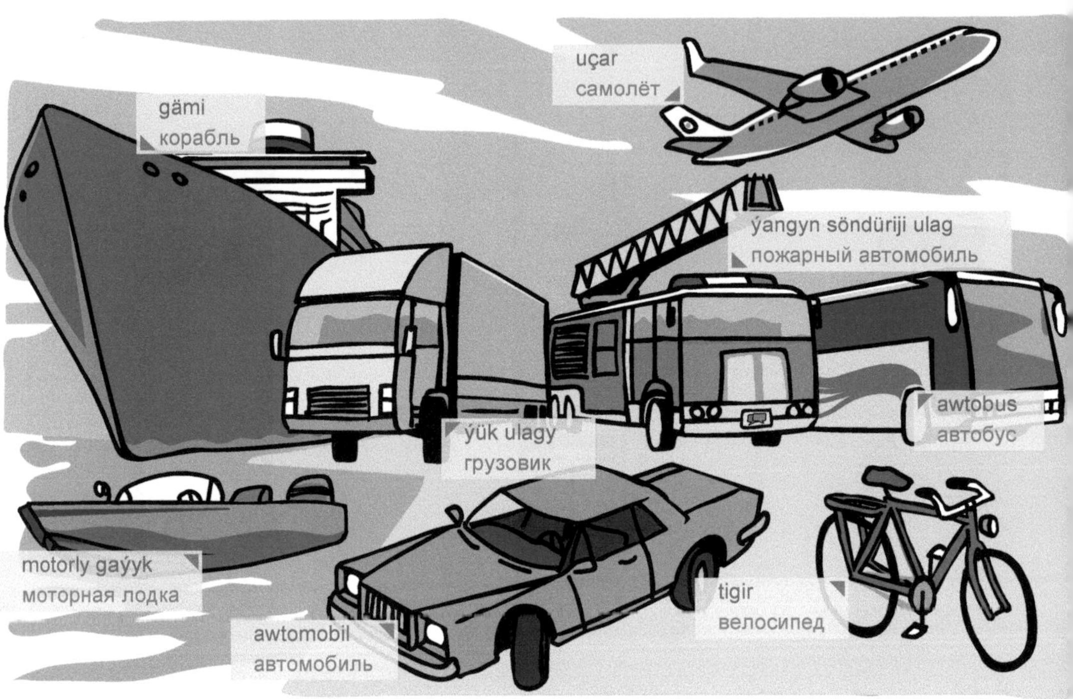

uçar
самолёт
gämi
корабль
ýangyn söndüriji ulag
пожарный автомобиль
awtobus
автобус
ýük ulagy
грузовик
motorly gaýyk
моторная лодка
tigir
велосипед
awtomobil
автомобиль

parom

паром

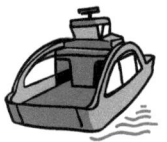

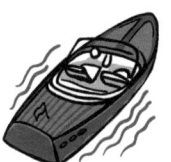

gaýyk

лодка

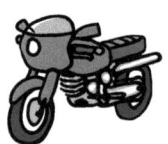

motosikl

мотоцикл

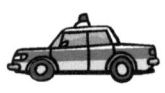

polisiýa ulagy

полицейский автомобиль

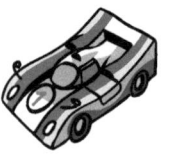

çapyşyk

гоночный автомобиль

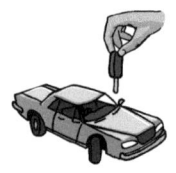

kärendä alnan ulga

арендованный автомобиль

ulagy bilelikde ulanmak

совместное пользование
автомобилями

tirkeg ulagy

буксировочный
автомобиль

zir-zibil daşaýan ulag

мусоровоз

hereketlendiriji

двигатель

ýangyç

топливо

guýma

заправка

ýol belgisi

дорожный знак

hereket

движение

dyky

пробка

awtoduralga

автостоянка

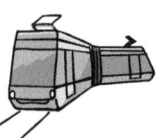

menzil

вокзал

seplem

рельсы

otly

поезд

tramwaý

трамвай

wagon

вагон

dik uçar

вертолёт

howa menzili

аэропорт

minara

вышка

ýolagçy

пассажир

konteýner

контейнер

guty

коробка

araba

тележка

sebet

корзина

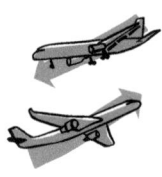

uçmak / gonmak

взлетать / приземляться

şäher

город

oba

деревня

şäher merkezi

центр города

öý

дом

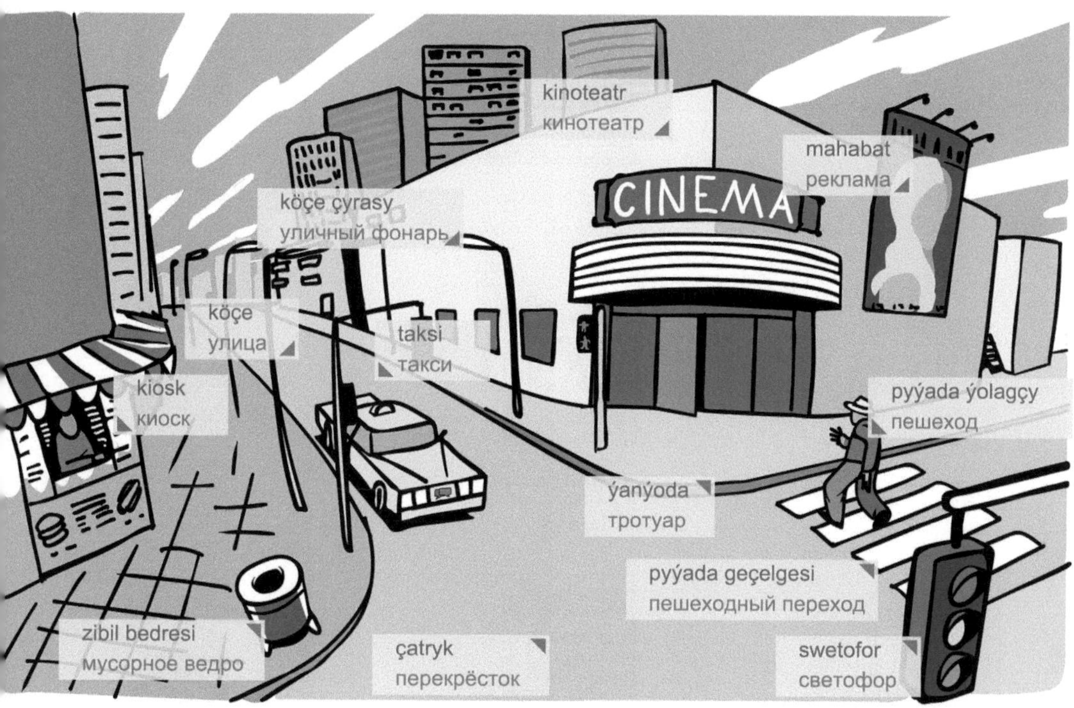

kinoteatr
кинотеатр

mahabat
реклама

köçe çyrasy
уличный фонарь

CINEMA

köçe
улица

taksi
такси

kiosk
киоск

pyýada ýolagçy
пешеход

ýanýoda
тротуар

pyýada geçelgesi
пешеходный переход

zibil bedresi
мусорное ведро

çatryk
перекрёсток

swetofor
светофор

kepbe

хижина

öý

квартира

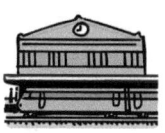

menzil

вокзал

şäher häkimligi

ратуша

muzeý

музей

mekdep

школа

uniwersitet

университет

bank

банк

hassahana

больница

myhmanhana

гостиница

dermanhana

аптека

ofis

офис

kitap dükany

книжный магазин

dükan

магазин

gül dükany

цветочный магазин

supermarket

супермаркет

bazar

рынок

uniwermag

универмаг

balyk söwdagäri

торговец рыбой

söwda merkezi

торговый центр

port

порт

park

парк

oturgyç

скамейка

köpri

мост

merdiwan

лестница

metro

метро

ötük

тоннель

awtobus

автобусная остановка

bar

бар

restoran

ресторан

poçta gutusy

почтовый ящик

köçäni adyny görkezýän ýazgy

табличка с названием улицы

parkometr

паркометр

haýwanat bagy

зоопарк

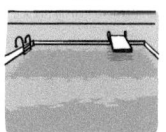

basseýn

бассейн

metjit

мечеть

ferma

ферма

daşky gurşawyň
hapalanmagy

загрязнение окружающей среды

gonamçylyk

кладбище

buthana

церковь

çaga meýdançasy

детская площадка

ybadathana

храм

landşaft

ландшафт

ýaprak
лист

ýol görkeziji
дорожный указатель

ýol
дорога

ýaýla
луг

daş
камень

syýahatçy
путешественник

agaç
дерево

derýa
река

ot
трава

gül
цветок

dere

долина

dag

гора

köl

озеро

tokaý

лес

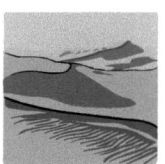

çöl

пустыня

wulkan

вулкан

gulp

замок

älemgoşar

радуга

kömelek

гриб

palma agajy

пальма

çybyn

комар

sinek

муха

garynja

муравей

bal arysy

пчела

möý

паук

tomzak

жук

gurbaga

лягушка

awusiýdik

белка

kirpi

еж

towşan

заяц

baýguş

сова

guş

птица

guw

лебедь

ýekegapan

кабан

sugun

олень

los

лось

bent

плотина

şemal generatory

ветряной генератор

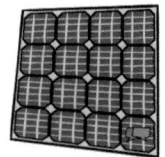

gün batareýasy

солнечная батарея

howa

климат

restoran
ресторан

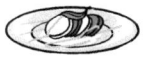

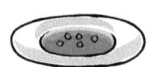

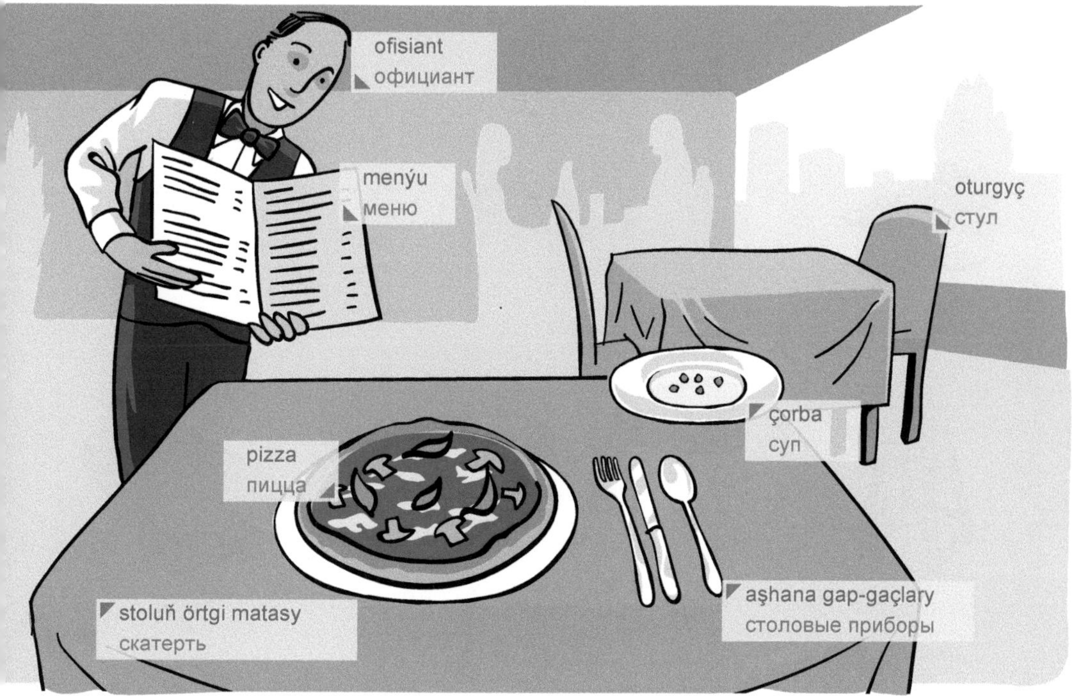

ofisiant
официант
menýu
меню
oturgyç
стул
çorba
суп
pizza
пицца
stoluň örtgi matasy
скатерть
aşhana gap-gaçlary
столовые приборы

garbanma
закуска

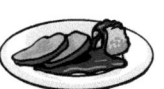

esasy tagam
главное блюдо

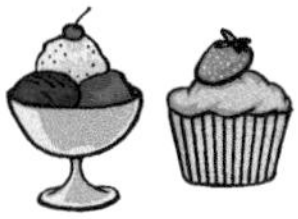

süýjülik
десерт

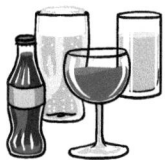

içgiler
напитки

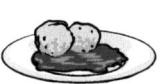

nahar
еда

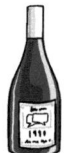

süýşe
бутылка

tiz tagam

фастфуд

köçe iýmiti

уличная еда

çäýnek, kitir

чайник

şeker gaby

сахарница

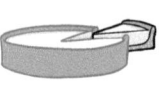

porsiýa

порция

kofe gaýnadyjy

кофеварка

çaga oturgyjy

детский стульчик

hasap

счет

mejme

поднос

pyçak

нож

çarşak

вилка

çemçe

ложка

çaý çemçesi

чайная ложка

salfetka

салфетка

bulgur

стакан

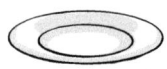

tarelka

тарелка

çorba tarelkasy

суповая тарелка

tabajyk

блюдце

sous

соус

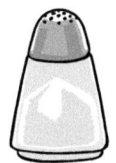

duz gaby

солонка

burçy üweýji

мельница для перца

sirke

уксус

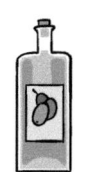

ýag

масло

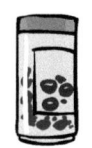

huruş

специи

ketçup

кетчуп

gorçisa

горчица

maýonez

майонез

supermarket

супермаркет

ýörite teklip
специальное предложение
FOR
alyjy
покупатель
süýt önümleri
молочные продукты
miweler
фрукты
satyn alnan zatlar üçin araba
тележка для покупок

BUTCHERS

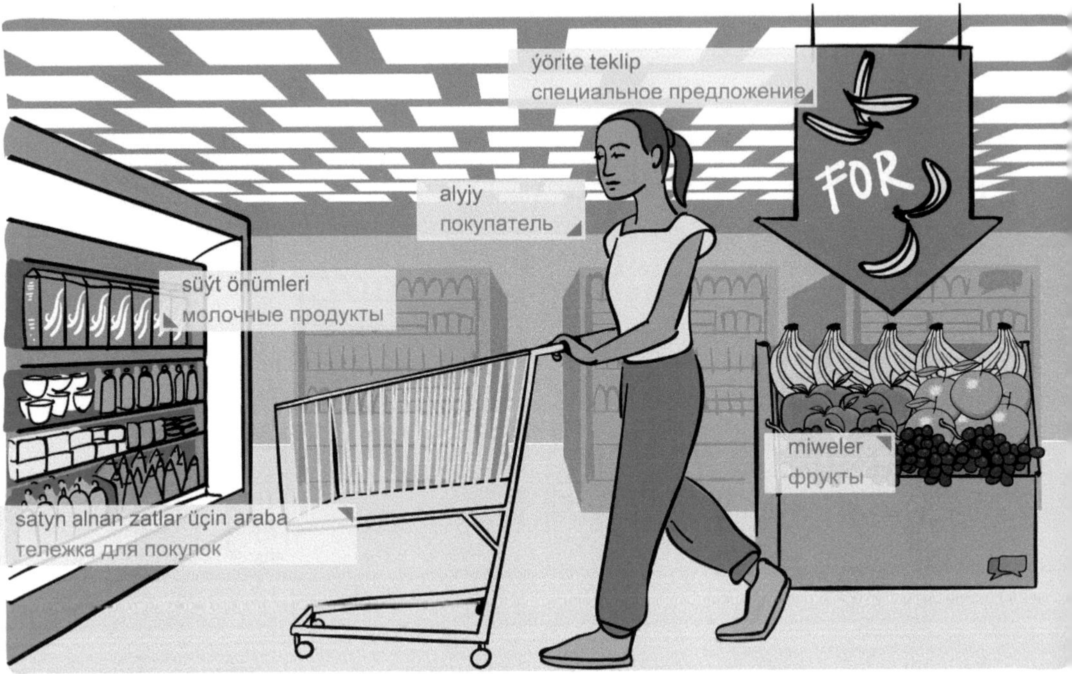

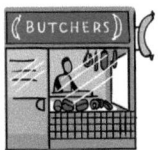

et dükany

мясной магазин

BAKERY

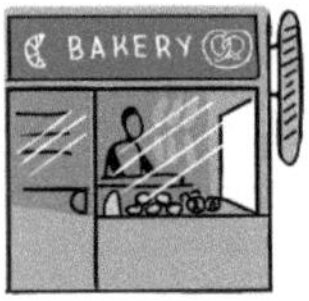

çörek kärhanasy

пекарня

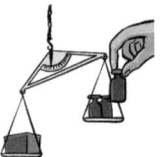

ölçemek

взвешивать

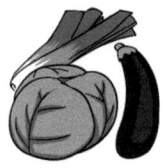

gök önümler

овощи

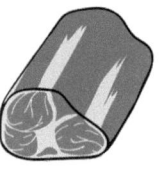

et

мясо

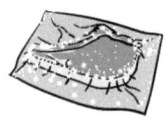

tiz doňýan önümler

быстрозамороженные продукты

kesme

нарезка

konserwirlenen önümler

консервы

kir ýuwujy toz

стиральный порошок

süýjülikler

сладости

öýde ulanylýan zat

предмет домашнего обихода

ýuwujy serişde

моющее средство

satyjy aýal

продавщица

kassa

касса

pulhanaçy

кассир

satyn alynmaly zatlar

список покупок

iş wagty

время работы

gapjyk

бумажник

karz karty

кредитная карточка

sumka

сумка

polietilen paket

полиэтиленовый пакет

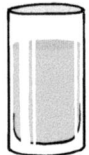

suw

вода

şire

сок

süýt

молоко

koka-kola

кока-кола

wino

вино

piwo

пиво

alkogol

алкоголь

kakao

какао

çaý

чай

kofe

кофе

espresso

эспрессо

kapuçino

капучино

banan

банан

alma

яблоко

pyrtykal

апельсин

garpyz

арбуз

limon

лимон

käşir

морковь

sarymsak

чеснок

bambuk

бамбук

sogan

лук

kömelek

гриб

hoz

орехи

un aş

лапша

spagetti

спагетти

tüwi

рис

işdäaçar

салат

gowurylan ýer alma

картофель фри

gowurylan ýer alma

жареный картофель

pizza

пицца

gamburger

гамбургер

sendwiç

сэндвич

üweme

шницель

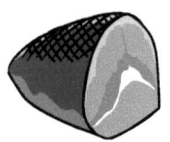

wetçina

ветчина

salýami

салями

şöhlat

колбаса

towuk

курица

gowrulyp taýýarlanýan
nahar

жаркое

balyk

рыба

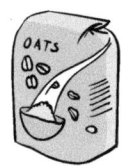

süle patragy

овсяные хлопья

mýusli

мюсли

mekgejöwen patragy

кукурузные хлопья

un

мука

kruassan

круассан

bulka

булочка

çörek

хлеб

tost

тост

köke

печенье

ýag

масло

dorog

творог

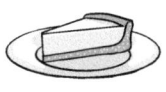

pirog

пирог

ýumurtga

яйцо

heýgenek

яичница

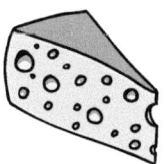

peýnir

сыр

doňdurma

мороженое

şeker

сахар

bal

мёд

marmelad

мармелад

nogully krem

крем с нугой

karri

карри

ferma
ферма

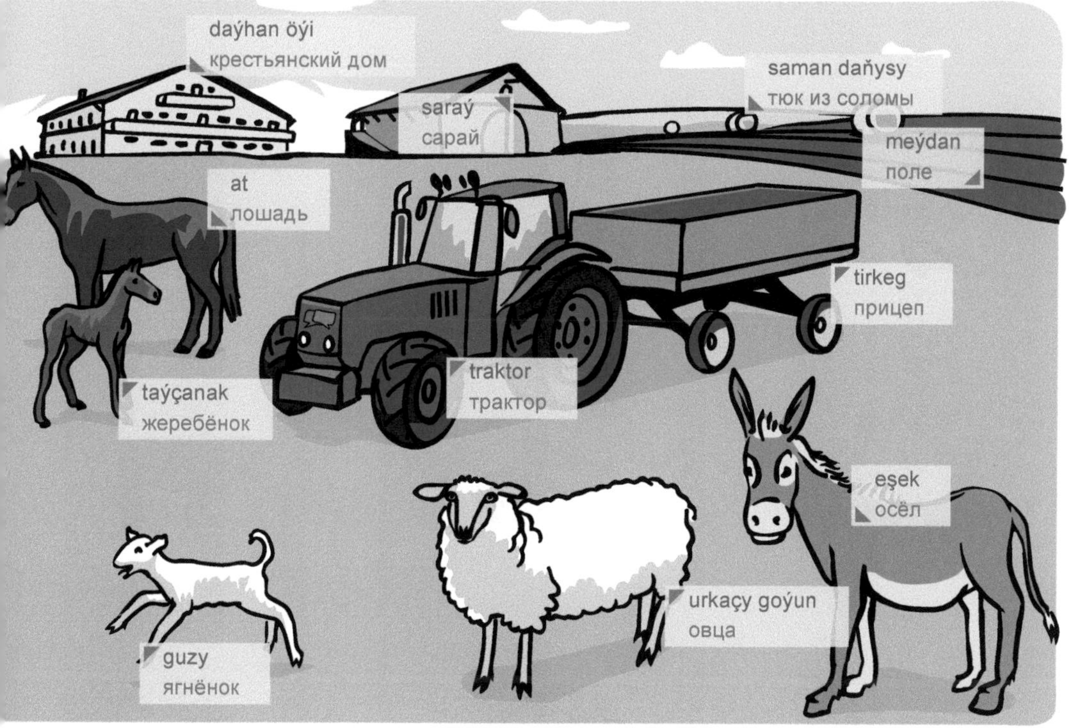
daýhan öýi
крестьянский дом
saraý
сарай
saman daňysy
тюк из соломы
meýdan
поле
at
лошадь
tirkeg
прицеп
traktor
трактор
taýçanak
жеребёнок
eşek
осёл
urkaçy goýun
овца
guzy
ягнёнок

geçi

козa

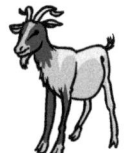

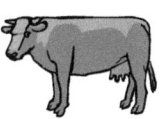

sygyr

корова

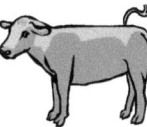

göle

телёнок

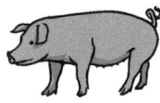

doňuz

свинья

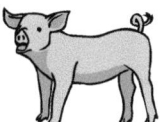

jojuk

поросёнок

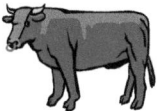

öküz

бык

gaz

гусь

ördek

утка

jüÿje

цыплёнок

towuk

курица

horaz

петух

alaka

крыса

pişik

кошка

syçan

мышь

öküz

вол

it

собака

it ÿatagy

конура

bag şlangy

садовый шланг

guÿgyç

лейка

orak

коса

azal

плуг

orak

серп

kätmen

мотыга

dökün çarşagy

навозные вилы

palta

топор

galtak

тачка

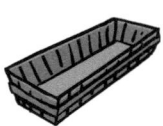

kersen

корыто

süýt üçin tüňňür

бидон для молока

halta

мешок

haýat

забор

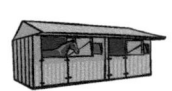

çörek

хлев

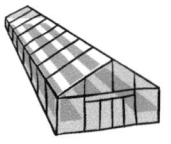

ýyladyşhana

теплица

toprak

почва

ekin

посев

dökün

удобрение

kombaýn

комбайн

hasyl ýygnamak

собирать урожай

galla

урожай

ýams

ямс

bugdaý

пшеница

soýa

соя

ýeralma

картофель

mekgejöwen

кукуруза

raps

рапс

miwe agajy

фруктовое дерево

manioka

маниок

däneli ösümlikler

злаки

tüsseçykar
дымоход

üçek
крыша

suw akdyrylýan tarnaw
водосточный желоб

penjire
окно

ulagjaý
гараж

jaň
звонок

gapy
дверь

hapa atylýan bedre
мусорное ведро

poçta gutusy
почтовый ящик

bag
сад

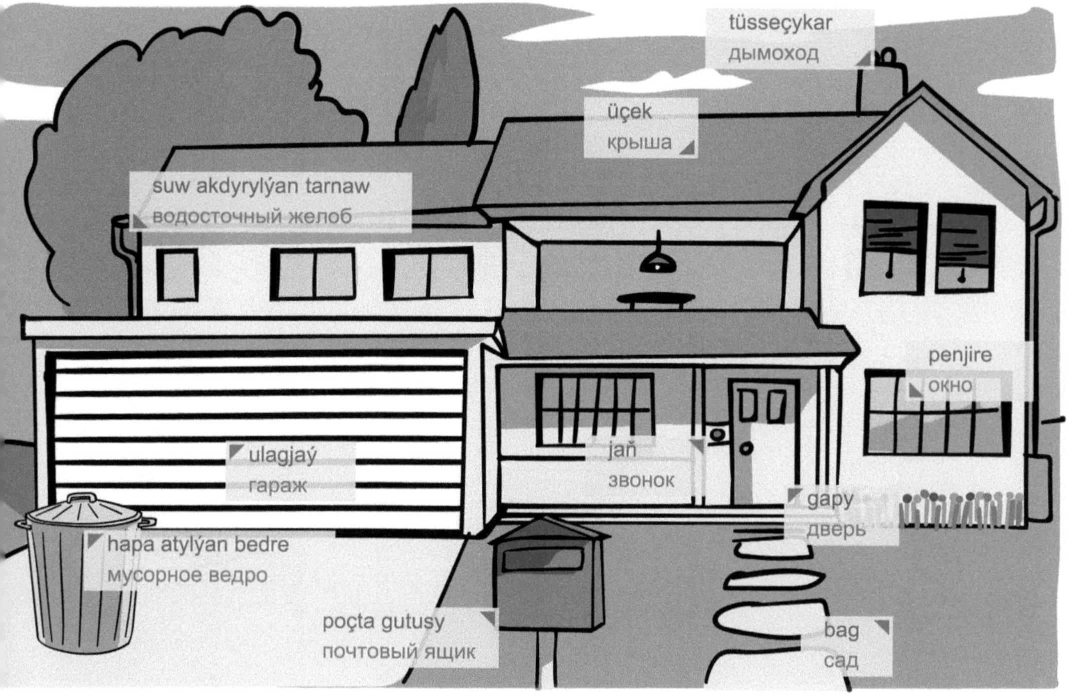

myhman otagy

гостиная

wanna otagy

ванная комната

aşhana

кухня

ýatalga otagy

спальня

çaga otagy

детская комната

naharhana

столовая

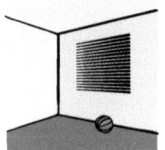

pol

пол

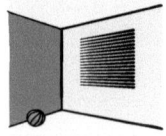

diwar

стена

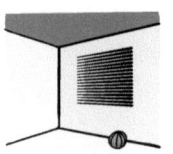

potolok

потолок

ýerzemin

подвал

hamam

сауна

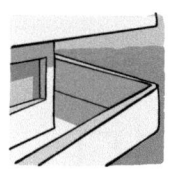

balkon

балкон

eýwan

терраса

howdan

бассейн

gazon orujy

газонокосилка

ýorgan daşlygy

пододеяльник

örtgi

покрывало

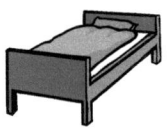

ýatakça

кровать

sübse

метла

bedre

ведро

öçüriji

выключатель

myhman otagy
гостиная

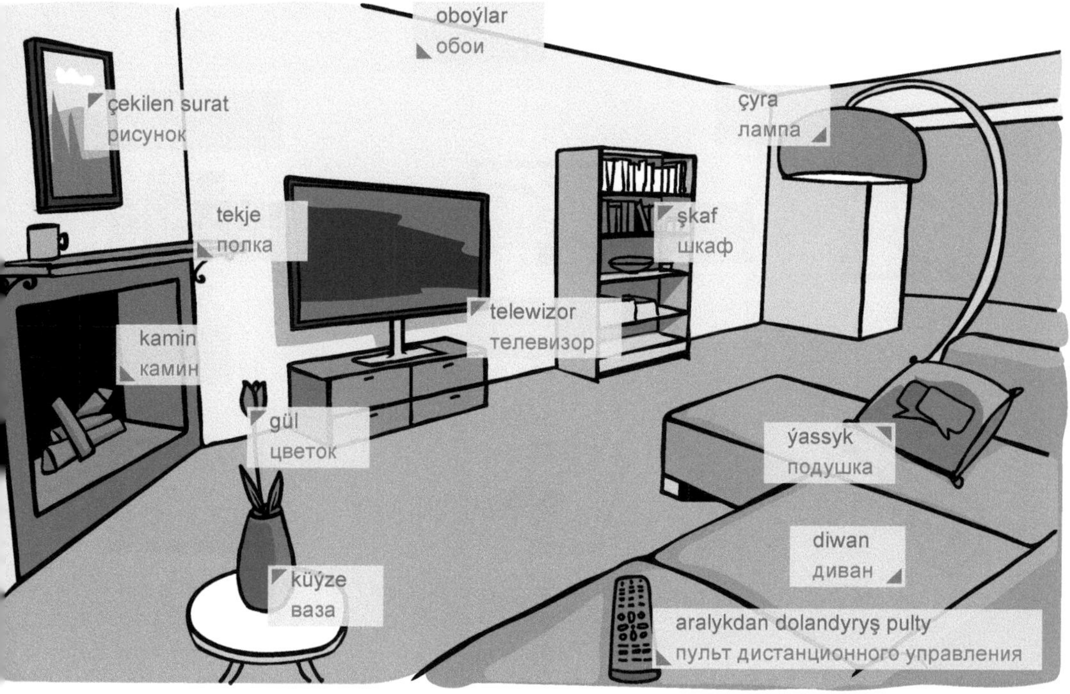
oboýlar
обои
çekilen surat
рисунок
çyra
лампа
tekje
полка
şkaf
шкаф
telewizor
телевизор
kamin
камин
gül
цветок
ýassyk
подушка
diwan
диван
küýze
ваза
aralykdan dolandyryş pulty
пульт дистанционного управления

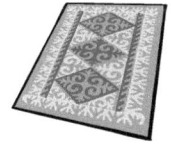

haly

ковёр

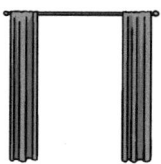

tuty

штора

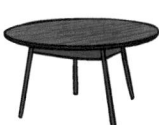

stol

стол

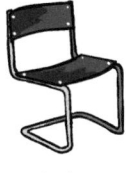

oturgyç

стул

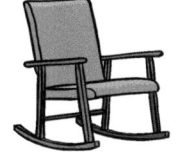

öňe-yza gaýdýan kürsi

кресло-качалка

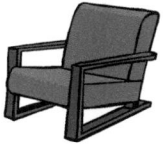

kürsi

кресло

kitap

книга

örtgi

покрывало

bezeg

украшение

odun

дрова

film

фильм

stereo ulgam

стереосистема

açar

ключ

gɑzct

газета

surat

картина

ündewsurat

плакат

radio

радио

bloknot

блокнот

tozan sorujy

пылесос

kaktus

кактус

şem

свеча

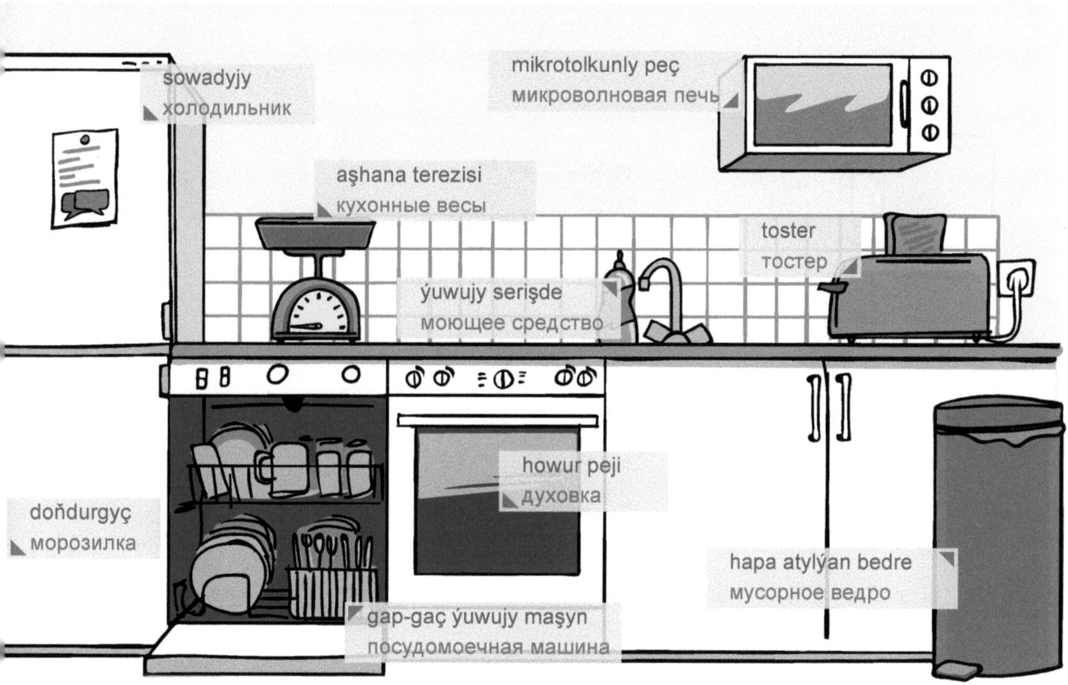

sowadyjy
холодильник

mikrotolkunly peç
микроволновая печь

aşhana terezisi
кухонные весы

toster
тостер

ýuwujy serişde
моющее средство

howur peji
духовка

doňdurgyç
морозилка

hapa atylýan bedre
мусорное ведро

gap-gaç ýuwujy maşyn
посудомоечная машина

plita	piti	çoýun gazany
плита	кастрюля	чугунный котелок

wok / kadaý	saç	çäýnek, kitir
вок / кадай	сковорода	чайник

bugda bişiriji

пароварка

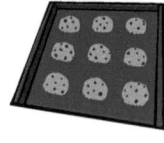

protiwen

противень

gap-gaç

посуда

kürşge

кружка

jam

миска

nahar iýilýän taýajyklar

палочки для еды

susak

половник

piljagaz

лопатка

ýaýylýan maşyn

сбивалка

elek

сито

elek

сито

gyrgyç

тёрка

soky

ступка

gril

гриль

ot

костёр

aşhana - кухня

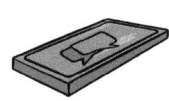

tagta

доска

oklaw

скалка

ştopor

штопор

tüneke banka

жестяная банка

konserwa pyçagy

консервный нож

tutguç

прихватка

rakowina

раковина

çotga

щетка

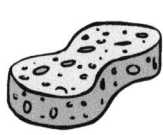

gubka

губка

mikser

миксер

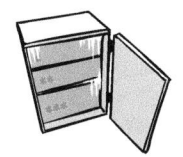

doňdurma kamerasy

морозильная камера

çagany iýmitlendirmek üçin çüýşejik

бутылочка для кормления

kran

кран

wanna otagy

ванная комната

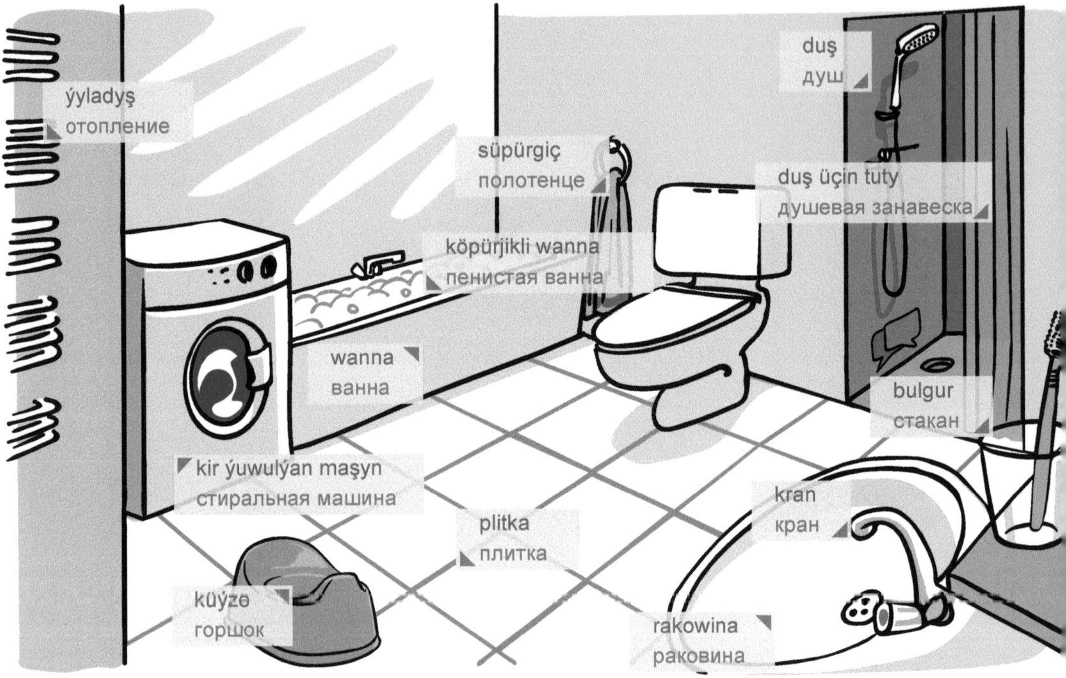

ýyladyş
отопление
süpürgiç
полотенце
duş
душ
duş üçin tuty
душевая занавеска
köpürjikli wanna
пенистая ванна
wanna
ванна
bulgur
стакан
kir ýuwulýan maşyn
стиральная машина
kran
кран
plitka
плитка
küýzə
горшок
rakowina
раковина

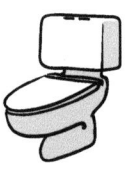

hajathana

туалет

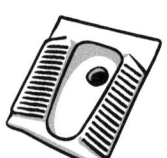

polda oturdylýan unitaz

напольный унитаз

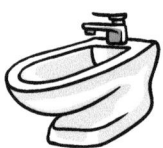

bide

биде

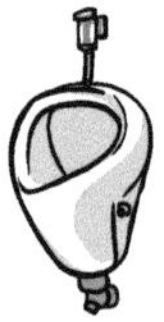

pissuar

писсуар

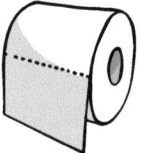

hajathana kagyzy

туалетная бумага

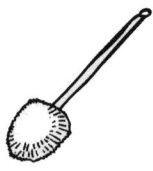

hajathana çotgasy

ершик

diş çotgasy

зубная щетка

diş pastasy

зубная паста

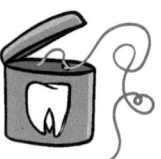

diş sapagy

зубная нить

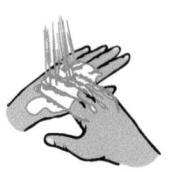

ýuwmak

мыть

el duşy

ручной душ

şahsy duş

интимный душ

legen

таз

arka üçin çotga

щетка для спины

sabyn

мыло

duş üçin gel

гель для душа

şampun

шампунь

moçalka

мочалка

akyş

сток

krem

крем

dezodorant

дезодорант

aýna

зеркало

el aýnasy

ручное зеркало

päki

бритва

sakgal syrmak üçin köpürjik

пена для бритья

sakgal syrylanyndan soňky losýon

лосьон после бритья

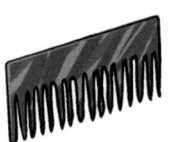

darak

расческа

çotga

щетка

fen

фен

saç üçin lak

лак для волос

kosmetika

косметика

dodaga çalynýan reňk

губная помада

dyrnaga çalynýan reňk

лак для ногтей

pamyk

вата

manikýur gaýçysy

маникюрные ножницы

atyr

духи

kosmetika üçin gutujyk
....
косметичка

oturgyç
....
табуретка

terezi
....
весы

halat
....
халат

rezin ellik
....
резиновые перчатки

tampon
....
тампон

gigiýena prokladkasy
....
гигиеническая прокладка

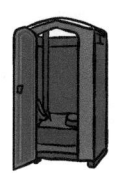

biohajathana
....
биотуалет

çaga otagy

детская комната

oýarгyjy
будильник
ýumşak oýnawaç
мягкая игрушка
oýnawaç awtoulag
игрушечный автомобиль
şakyrdawukly oýnawaç
погремушка
gurjak öýi
кукольный домик
sowgat
подарок

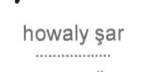

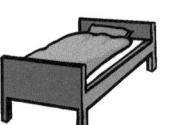

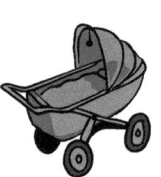

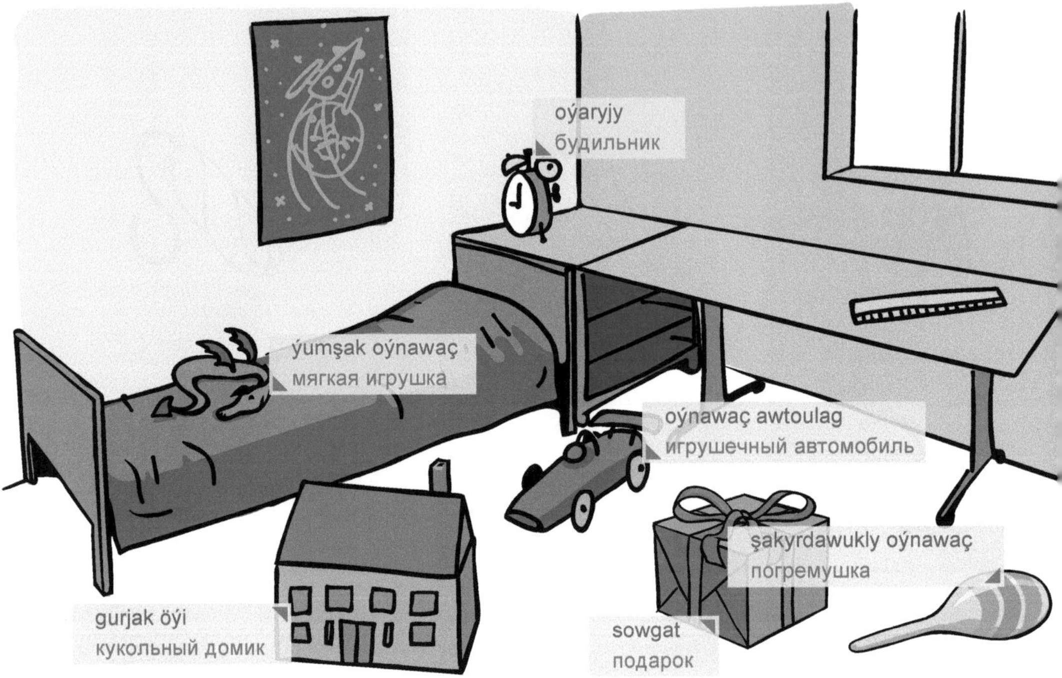

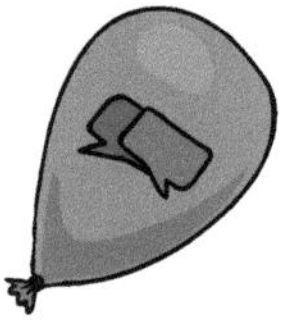

howaly şar

воздушный шар

ýatakça

кровать

çaga arabasy

детская коляска

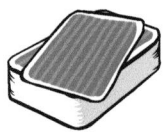

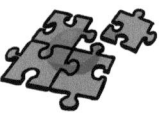

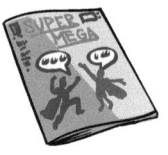

kart oýny

карточная игра

pazl

пазл

SUPER MEGA

komiks

комикс

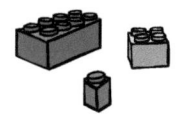

Lego kerpiçleri

кирпичики Лего

kubikler

кубики

oýnawaç şekil

игрушечная фигурка

çagalar üçin joraply balak

ползунки

frisbi

фрисби

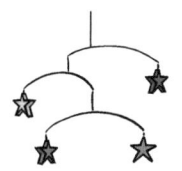

mobile

мобиле

stolüsti oýun

настольная игра

kubik

кубик

demir ýolunyň modeli

модель железной дороги

soska

соска

şagalaň

вечеринка

şekilli kitap

книга с картинками

top

мяч

gurjak

кукла

oýnamak

играть

çäge aýmança

песочница

hiňňildik

качели

oýnawaç

игрушка

oýun pristawkasy

игровая приставка

üç tigirli welosiped

трёхколесный велосипед

plýuşadan aýyjyk

плюшевый медвежонок

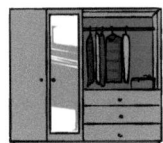

egin-eşik üçln şkaf

шкаф для одежды

egin-eşik

одежда

jorap

носки

çulki

чулки

kolgotka

колготки

şarf
шарф

kemer
ремень

saýawan
зонтик

futbolka
футболка

ädik
сапоги

öý şypbygy
тапки

krossowka
кроссовки

sandaliýa
сандалии

aýakgap
ботинки

rezin ädik
резиновые сапоги

türsük
трусы

göwüslik
бюстгальтер

maýka
майка

bodi

боди

jalbar

брюки

jins

джинсы

ýubka

юбка

bluzka

блузка

köýnek

рубашка

switer

свитер

switer

свитер

sport keltekçesi

спортивная куртка

žaket

жакет

palto

пальто

plaş

плащ

kostýum

костюм

köýnek

платье

toý köýnegi

свадебное платье

erkek üçin kostýum

мужской костюм

ýatyş köýnegi

ночная сорочка

pižama

пижама

sari

сари

ýaglyk

платок

selle

тюрбан

perenji

паранджа

kaftan

кафтан

abaýa

абайя

suwa düşmek üçin lybas

купальник

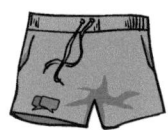

plawki

плавки

şorty

шорты

sport lybasy

спортивный костюм

öňlük

фартук

ellik

перчатки

ilik

пуговица

äýnek

очки

bilezik

браслет

zynjyr

цепочка

ýüzük

кольцо

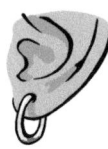

syrga

серьга

papak

шапка

geýim asgyç

вешалка

şlýapa

шляпа

galstuk

галстук

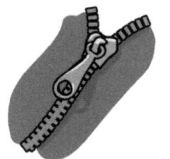

syrma

застежка молния

şlem

шлем

egnaşyr kemer

подтяжки

mekdep lybasy

школьная форма

lybas

форма

çaga döşlügi

детский нагрудник

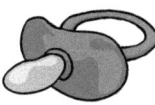

soska

соска

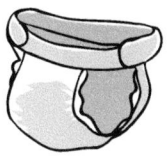

arlyk

подгузник

serwer
сервер

kanselýariýa şkafy
канцелярский шкаф

kagyz
бумага

printer
принтер

monitor
монитор

ýazuw stoly
письменный стол

syçanjyk
мышь

papka
папка

klawiatura
клавиатура

kagyz üçin sebet
корзина для бумаг

kompýuter
компьютер

oturgyç
стул

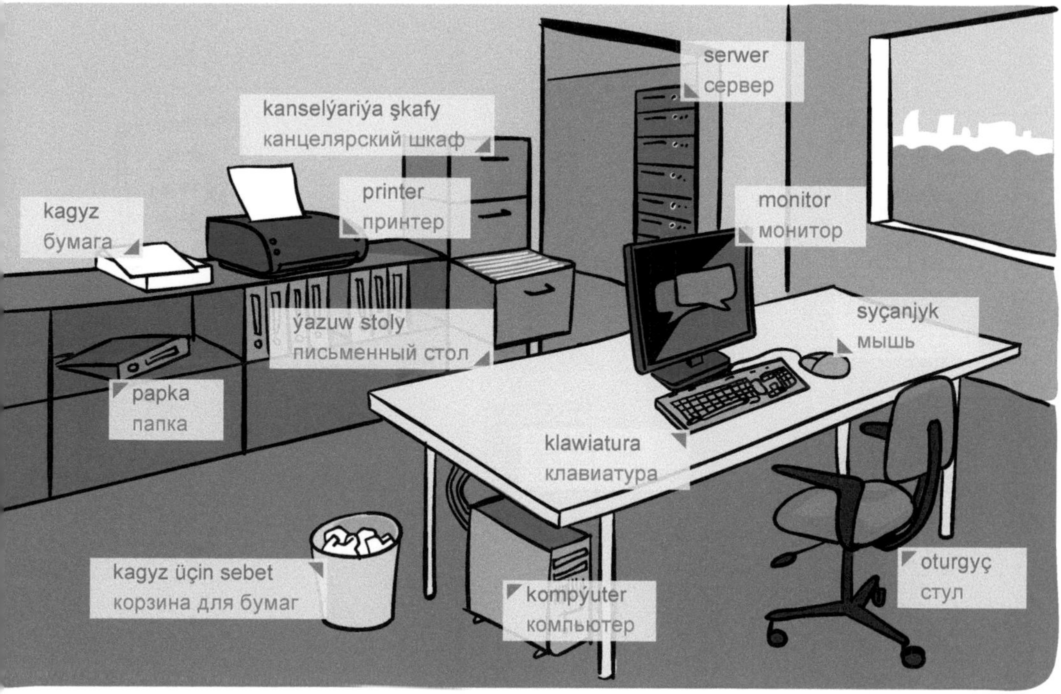

kofe kružkasy

кофейная кружка

kalkulýator

калькулятор

internet

интернет

noutbuk

ноутбук

hat

письмо

habar

сообщение

öýjükli telefon

мобильный телефон

tor

сеть

kseroks

ксерокс

programma

программа

telefon

телефон

rozetka

розетка

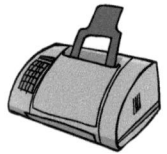

faks

факс

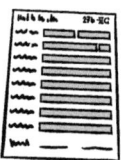

formulýar

формуляр

resminama

документ

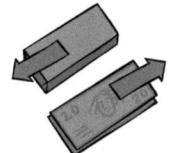

satyn almak

покупать

tölemek

платить

söwda etmek

торговать

pul

деньги

dollar

доллар

ýewro

евро

iena

иена

rubl

рубль

frank

франк

ženminbi ýuan

жэньминьби юань

rupiýa

рупия

bankomat

банкомат

walýuta çalyşmak üçin bent

пункт обмена валюты

altyn

золото

kümüş

серебро

nebit

нефть

energiýa

энергия

baha

цена

şertnama

договор

salgyt

налог

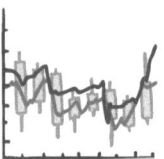

paýnama

акция

işlemek

работать

gullukçy

служащий

iş beriji

работодатель

fabrik

фабрика

dükan

магазин

milisiýanyň işgäri
милиционер

ýangyn södüriji
пожарный

aşpez
повар

lukman
врач

uçarman
пилот

bagban
садовник

agaç ussasy
столяр

tikinçi
швея

kazy
судья

himik
химик

aktýor
актёр

awtobus sürüjisi

водитель автобуса

taksiçi

таксист

balykçy

рыбак

tam süpüriji

уборщица

üçek basyrýan ussa

кровельщик

ofisiant

официант

awçy

охотник

suratçy

художник

çörekçi

пекарь

elektrik

электрик

gurluşykçy

строитель

inžener

инженер

gassap

мясник

santehnik

сантехник

hatçy

почтальон

esger

солдат

binagär

архитектор

pulhanaçy

кассир

floraçy

флорист

dellekçi

парикмахер

konduktor

кондуктор

mehanik

механик

kapitan

капитан

diş lukmany

зубной врач

alym

ученый

rawwin

раввин

imam

имам

monah

монах

ruhany

священник

gurallar
инструменты

çekiç
молоток
ýasy agyzly atagzy
плоскогубцы
otwýortka
отвёртка
gaýka açary
гаечный ключ
jübü çyrasy
карманный фо

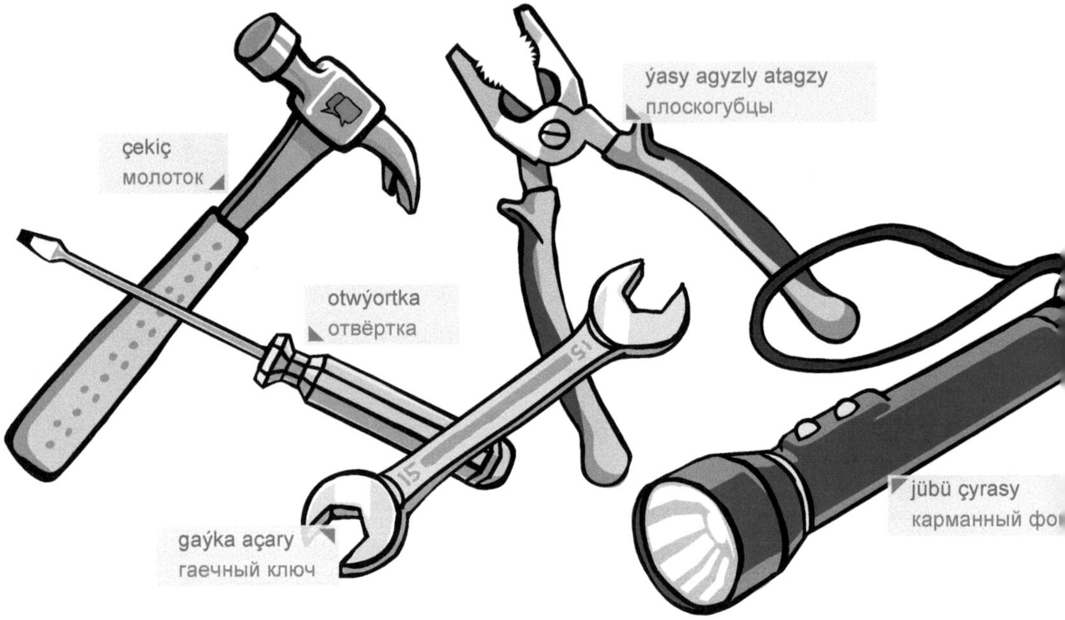

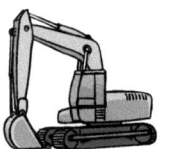

ekskawator

экскаватор

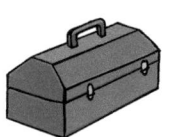

gurallar üçin gap

ящик для инструментов

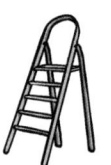

merdiwan

стремянка

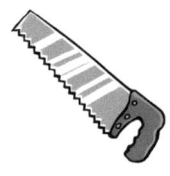

byçgy

пила

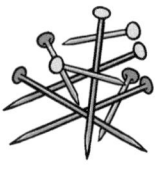

çüýler

гвозди

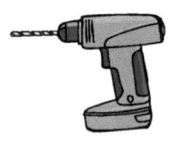

drel

дрель

abatlamak

ремонтировать

pil

лопата

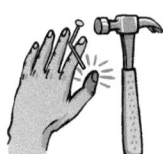

Bolmandyr!

Блин!

susguç

совок

boýagly bedre

ведро с краской

nurbatlar

винты

saz gurallary
музыкальные инструменты

batly gürleýji
громкоговоритель

kakylyp çalynýan saz guraly
ударный инструмент

gitara
гитара

kontrabas
контрабас

turba
труба

pianino

пианино

skripka

скрипка

bas-gitara

бас-гитара

nagara

литавры

deprek

барабан

sintezator

синтезатор

saksafon

саксофон

fleýta

флейта

mikrofon

микрофон

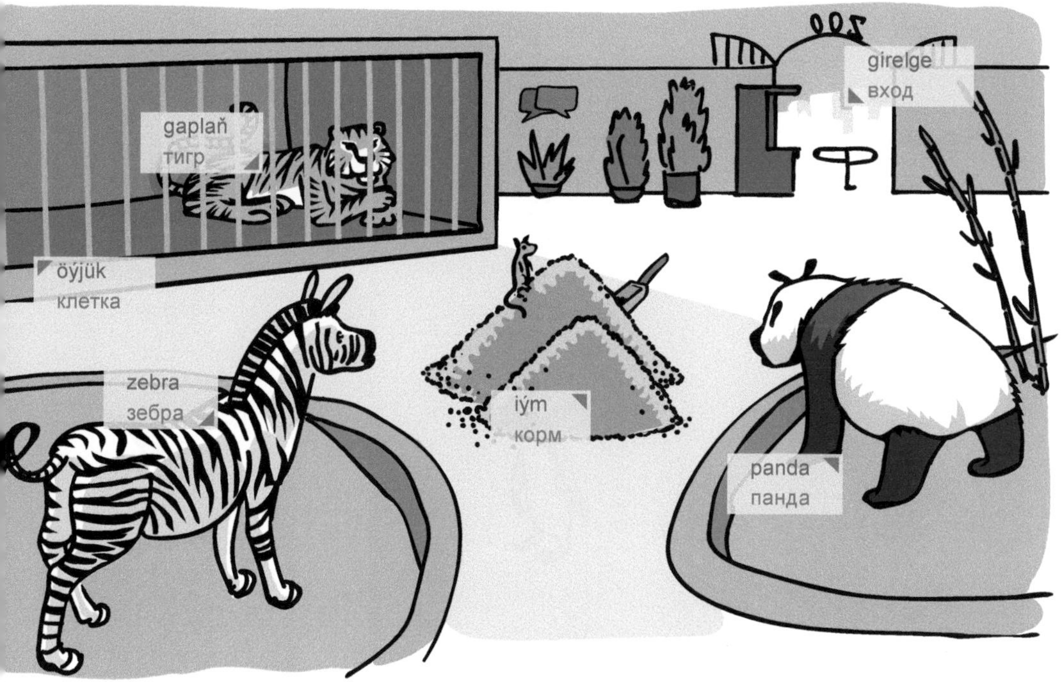

girelge
вход

gaplaň
тигр

öÿjük
клетка

zebra
зебра

iÿm
корм

panda
панда

haýwanlar

животные

pil

слон

kenguru

кенгуру

nosorog

носорог

gorilla

горилла

aýy

медведь

düýe

верблюд

düýeguş

страус

ýolbars

лев

maýmyn

обезьяна

gyzylinjik

фламинго

hindiguş

попугай

ak aýy

белый медведь

pingwin

пингвин

akula

акула

tawus

павлин

ýylan

змея

krokodil

крокодил

haýwanat bagynyň
gullukçysy

служитель зоопарка

düwlen

тюлень

ýaguar

ягуар

poni

пони

gaplaň

леопард

begemot

бегемот

žiraf

жираф

bürgüt

орёл

ýekegapan

кабан

balyk

рыба

pyşbaga

черепаха

suwpişik

морж

tilki

лиса

jeren

газель

sport
спорт

amerikan
американский футбол

tigir sürmek
езда на велосипеде

tennis
теннис

basketbol
баскетбол

ýüzme
плавание

boks
бокс

hokkeý
хоккей

futbol
футбол

badminton
бадминтон

ýeňil atletika
лёгкая атлетика

gandbol
гандбол

lyža sporty
лыжный спорт

polo
поло

hereket
действия

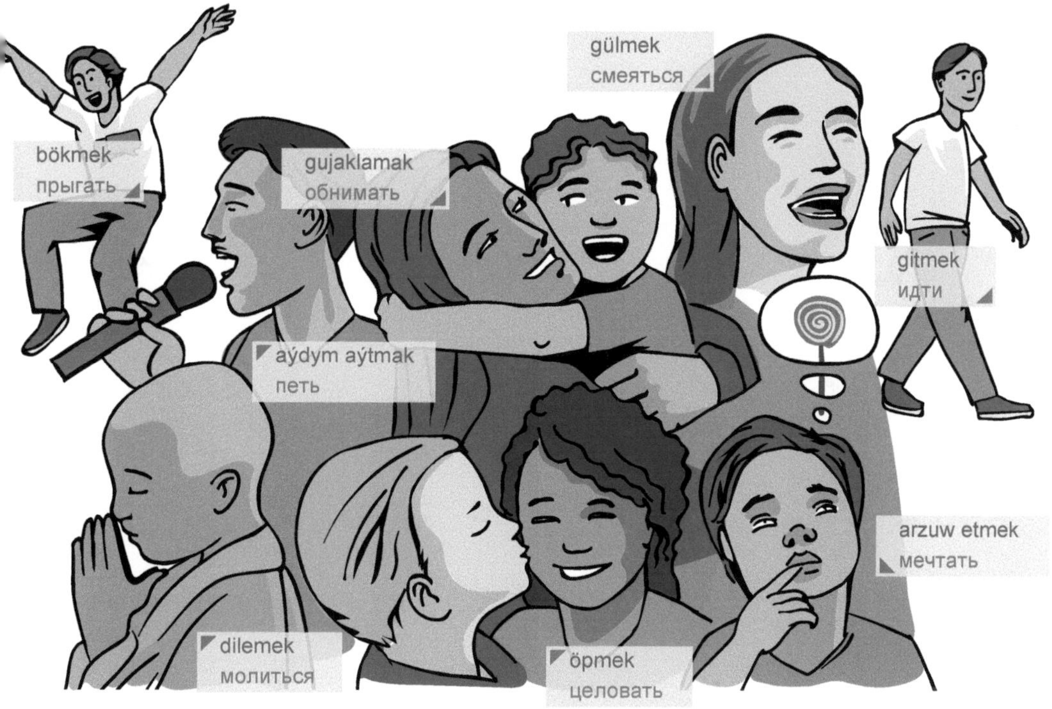

gülmek
смеяться
bökmek
прыгать
gujaklamak
обнимать
gitmek
идти
aýdym aýtmak
петь
arzuw etmek
мечтать
dilemek
молиться
öpmek
целовать

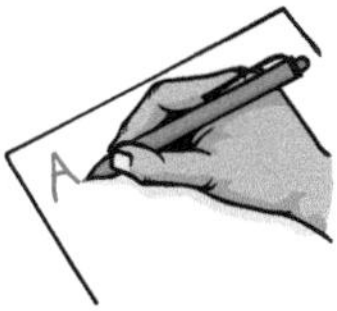

ýazmak
писать

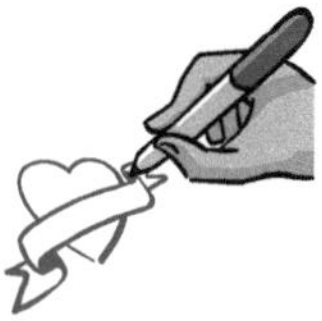

surat çekmek
рисовать

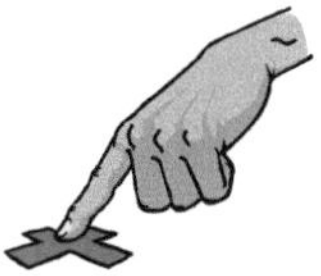

görkezmek
показывать

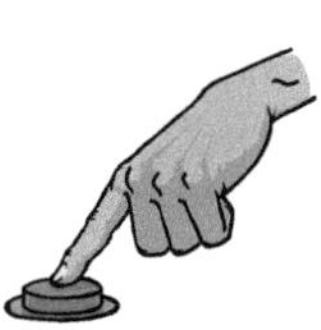

basmak
нажимать

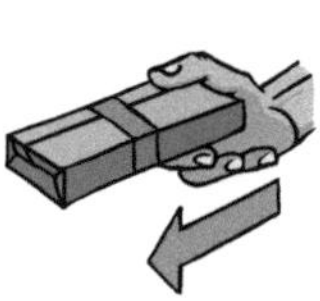

bermek
давать

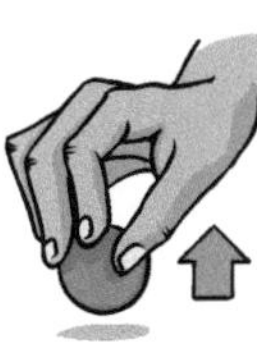

almak
брать

eýe bolmak

иметь

etmek

делать

bolmak

быть

durmak

стоять

ylgamak

бежать

çekmek

тянуть

taşlamak

бросать

gaçmak

падать

ýatmak

лежать

garaşmak

ждать

götermek

носить

oturmak

сидеть

geýmek

надевать

ýatmak

спать

oýanmak

просыпаться

görmek

рассматривать

aglamak

плакать

sypalamak

гладить

daramak

причесывать

gürlemek

говорить

düşünmek

понимать

soramak

спрашивать

diňlemek

слушать

içmek

пить

iýmek

кушать

tertipleşdirmek

наводить порядок

söýmek

любить

taýýarlmak

готовить

gitmek

ехать

uçmak

летать

ýelkeni ýaýyp gitmek

ходить под парусом

hasaplamak

считать

okamak

читать

okamak

учиться

işlemek

работать

nikalaşmak

вступать в брак

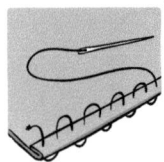

dikmek

шить

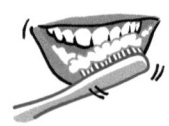

dişiňi arassalamak

чистить зубы

öldürmek

убивать

çilim çekmek

курить

ugratmak

отправлять

ene
бабушка

ata
дедушка

kaka
папа

eje
мама

bäbek
младенец

gyz
дочь

ogul
сын

myhman

гость

daýza

тетя

daýy

дядя

aga

брат

uýa

сестра

ten

тело

maňlaý
лоб
göz
глаз
egin
плечо
barmak
палец
ýüz
лицо
äň
подбородок
penje
кисть
aýak
нога
döş
грудь
el
рука

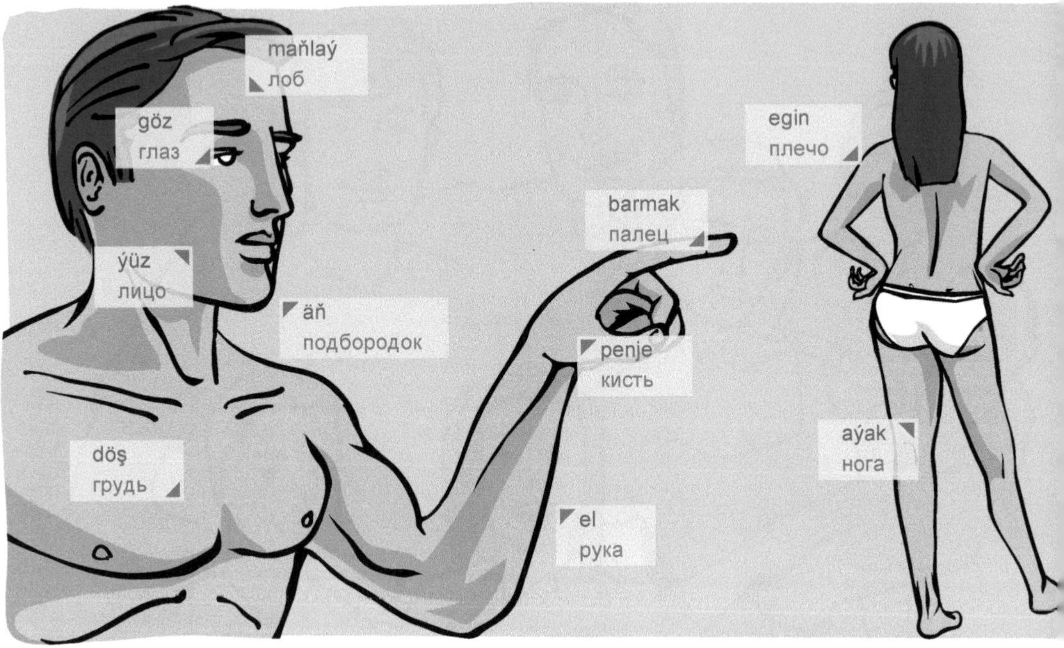

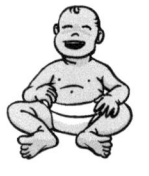

bäbek
младенец

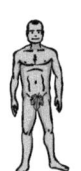

erkek
мужчина

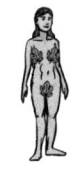

aýal
женщина

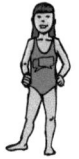

gyz
девочка

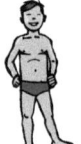

oglan
мальчик

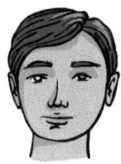

kelle
голова

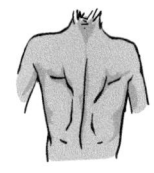

arka

спина

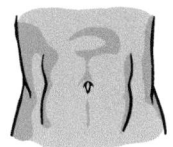

garyn

живот

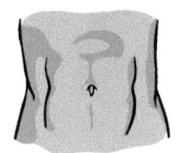

göbek

пупок

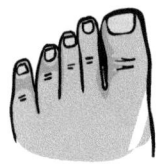

aÿak barmagy

палец ноги

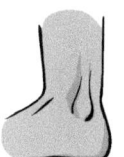

ökje

пятка

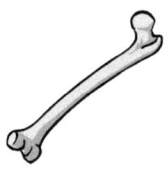

süňk

кость

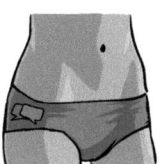

but

бедро

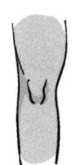

dyz

колено

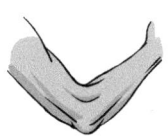

tirsek

локоть

burun

нос

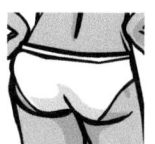

ÿanbaş

ягодицы

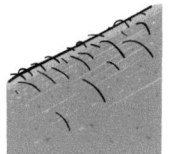

deri

кожа

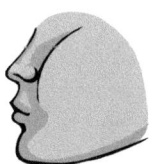

ÿaňak

щека

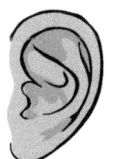

gulak

ухо

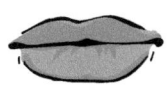

dodak

губа

agyz

рот

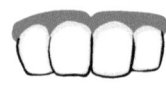

diş

зуб

dil

язык

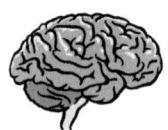

beýni

мозг

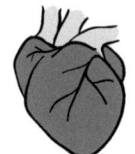

ýürek

сердце

myşsa

мышца

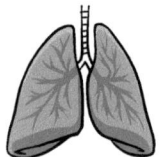

öýken

лёгкое

bagyr

печень

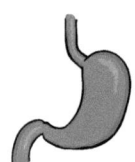

aşgazan

желудок

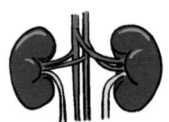

böwrek

почки

jyns ýakynlygy

половой акт

prezerwatiw

презерватив

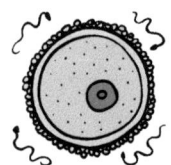

erkeklik jyns öýjügi

яйцеклетка

tohumlyk

сперма

göwrelilik

беременность

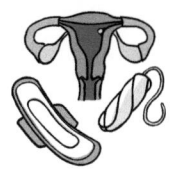

bil açylma

менструация

wagina

вагина

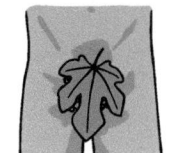

erkek jyns agzasy

пенис

gaş

бровь

saç

волосы

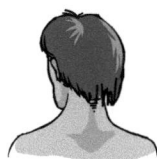

boýun

шея

hassahana
больница

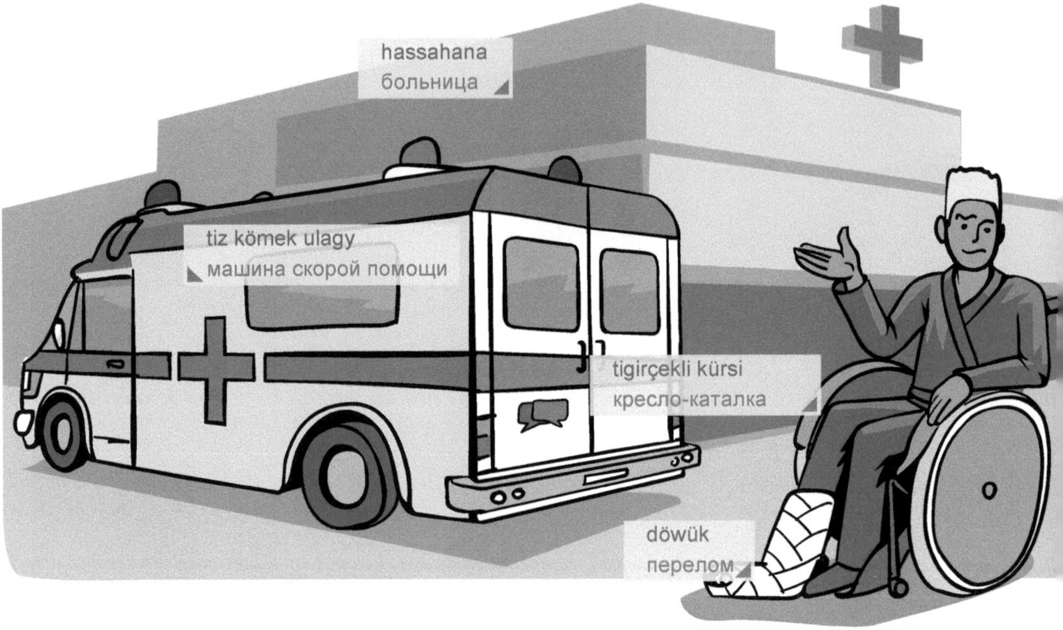

hassahana
больница
tiz kömek ulagy
машина скорой помощи
tigirçekli kürsi
кресло-каталка
döwük
перелом

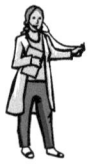

lukman
врач

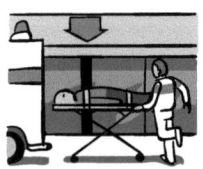

ilkinji kömek nokady
пункт первой помощи

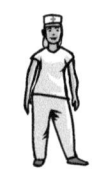

şepagat uýasy
медсестра

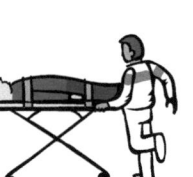

gaýragoýulmasyz ýagdaý
неотложный случай

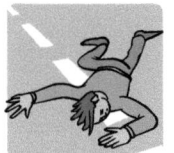

özüni bilmän
без сознания

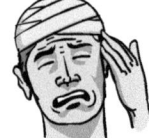

agyry
боль

zeper ýetme

повреждение

gan akmasy

кровотечение

infarkt

инфаркт

insult

инсульт

allergiýa

аллергия

üsgülik

кашель

ýokarlanan temperatura

эвышенная температура

dümew

грипп

içgeçme

понос

kelle agyrysy

головная боль

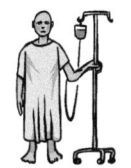

rak

рак

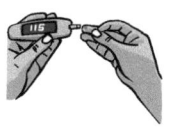

diabet

диабет

hirurg

хирург

skalpel

скальпель

operasiýa

операция

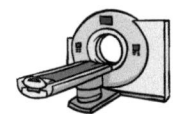

iýmit siňdirýän ortlaryň jemi

KT

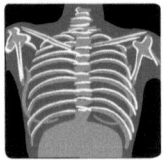

rentgen

рентген

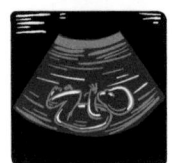

ultrases

ультразвук

maska

маска

kesel

болезнь

kabulhana

приёмная

pişek

костыль

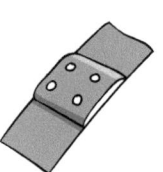

plastyr

пластырь

bint

бинт

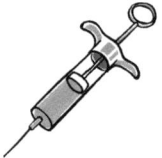

sanjym

укол

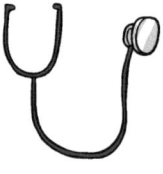

stetoskop

стетоскоп

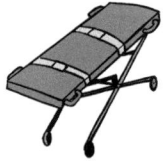

zemmer

носилки

termometr

термометр

dogluş

рождение

artykmaç agram

избыточный вес

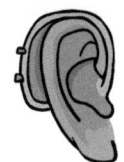

eşidiş abzaly

слуховой аппарат

zyýansyzlandyryjy serişde

дезинфекционное средство

ýokanç

инфекция

wirus

вирус

WIÇ/ AIDS

ВИЧ / СПИД

derman

лекарство

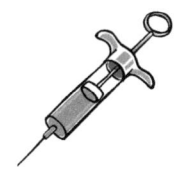

öňüni alyş sanjymy

прививка

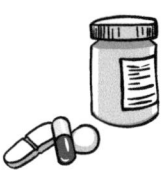

gerdejikler

таблетки

göwreli bolmakdan goraýan gerdejik

противозачаточная таблетка

aýragoýulmasyz çagyryş

экстренный вызов

gan basyşyny ölçeýji abzal

прибор для измерения кровяного давления

näsag / sagdyn

больной / здоровый

Kömek ediň!

Помогите!

çozuş

нападение

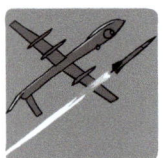

hüjüm

атака

howp

опасность

ätiýaçlyk çykalgasy

запасной выход

howsala signaly

сигнал тревоги

ot söndürijisi

огнетушитель

betbagtçylykly ýagdaý

несчастный случай

Ýangyn!

Пожар!

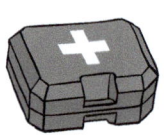

derman gutujygy

аптечка

SOS

SOS

milisiýa

милиция

Ýewropa

Европа

Demirgazyk Amerika

Северная Америка

Günorta Amerika

Южная Америка

Afrika

Африка

Aziýa

Азия

Awstraliýa

Австралия

Atlantika ummany

Атлантический океан

Ýuwaş umman

Тихий океан

Hindi ummany

Индийский океан

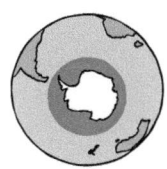

Antarktika ummany

Антарктический океан

Demirgazyk Buzly umman

Северный Ледовитый
океан

Demirgazyk polýusy

Северный полюс

Günorta polýusy

Южный полюс

Antarktida

Антарктика

zemin

земля

gury ýer

суша

deňiz

море

ada

остров

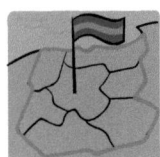

millet

нация

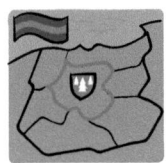

döwlet

государство

siferblat

циферблат

sagadyň dili

часовая стрелка

minut görkezýän dil

минутная стрелка

sekundy görkezýän dil

секундная стрелка

sagat näçe?

Который час?

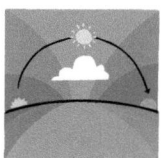

gün

день

wagt

время

häzir

сейчас

elektron sagady

электронные часы

minut

минута

sagat

час

hepde

неделя

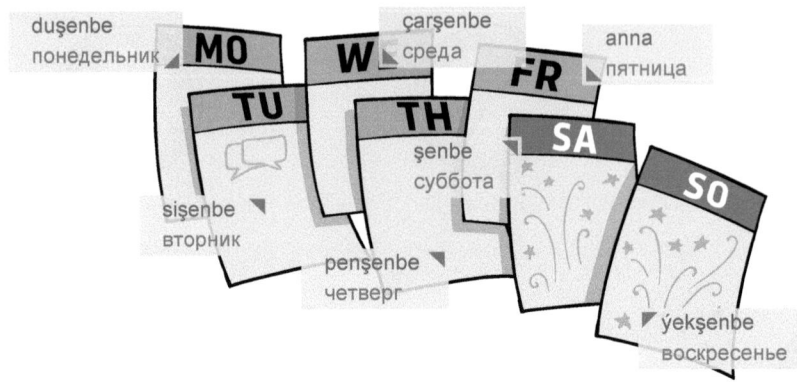

duşenbe
понедельник

MO

çarşenbe
среда

W

anna
пятница

FR

TU

TH

SA

şenbe
суббота

SO

sişenbe
вторник

penşenbe
четверг

ýekşenbe
воскресенье

düýn
вчера

şu gün
сегодня

ertir
завтра

säher
утро

günortan
полдень

agşamlyk
вечер

MO	TU	WE	TH	FR	SA	SU
1	2	3	4	5	6	7
8	9	10	11	12	13	14
15	16	17	18	19	20	21
22	23	24	25	26	27	28
29	30	31	1	2	3	4

iş günler
рабочие дни

MO	TU	WE	TH	FR	SA	SU
1	2	3	4	5	6	7
8	9	10	11	12	13	14
15	16	17	18	19	20	21
22	23	24	25	26	27	28
29	30	31	1	2	3	4

dynç günler
выходные

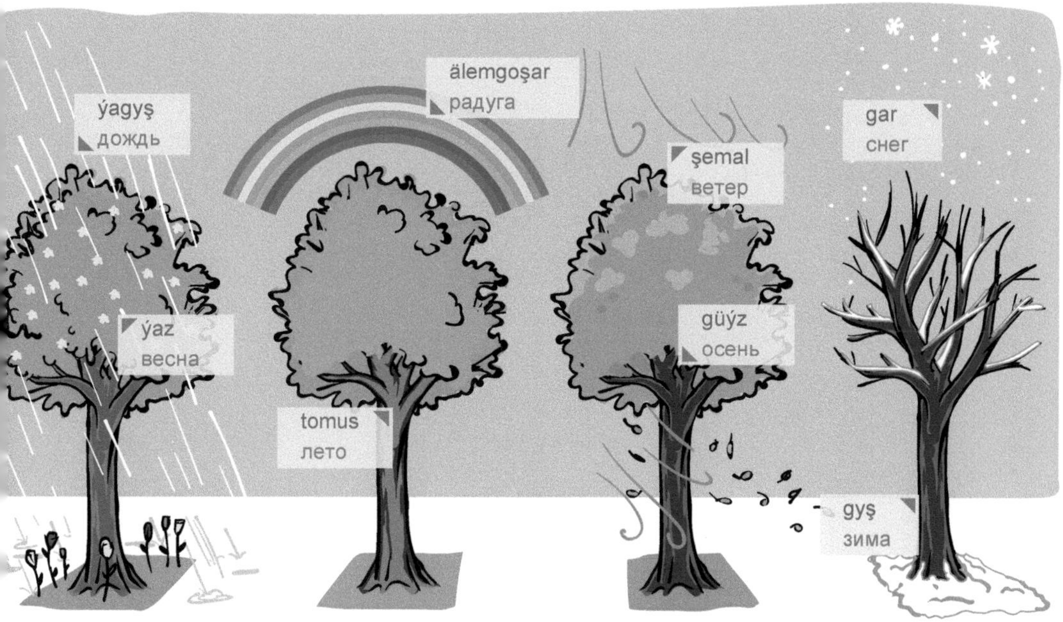

ýagyş
дождь
älemgoşar
радуга
şemal
ветер
gar
снег
ýaz
весна
tomus
лето
güýz
осень
gyş
зима

4.APRIL 11°
5.APRIL 4°
6.APRIL 13°
7.APRIL 8°
8.APRIL 10°

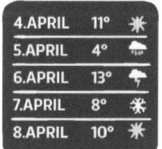

howa maglumaty

прогноз погоды

F
C
120
90
60
30
0
-30
40
30
20
10
0
-10
-20

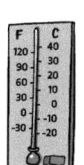

termometr

термометр

gün ýagtylygy

солнечный свет

gara bulut

туча

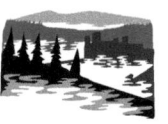

ümür

туман

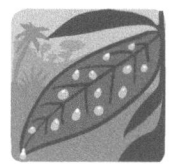

howanyň çyglylygy

влажность воздуха

ýyldyrym

молния

gök gümmürdisi

гром

tupan

буря

doly

град

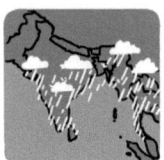

musson

муссон

suw alma

наводнение

buz

лёд

ýanwar

январь

fewral

февраль

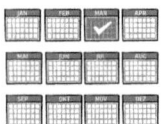

mart

март

aprel

апрель

maý

май

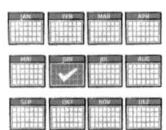

iýun

июнь

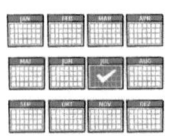

iýul

июль

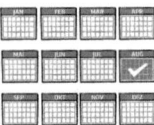

awgust

август

ýyl - год

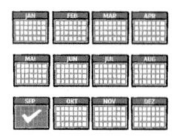

sentýabr

сентябрь

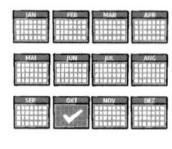

oktýabr

октябрь

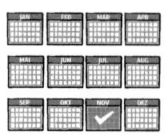

noýabr

ноябрь

dekabr

декабрь

görnüşler

формы

tegelek

круг

kwadrat

квадрат

göniburçluk

прямоугольник

üçburçluk

треугольник

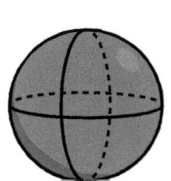

şar

шар

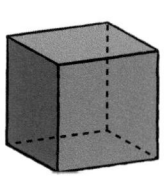

kub

куб

ak

белый

sary

желтый

mämişi

оранжевый

gülgüne

розовый

gyzyl

красный

liliýa reňkli

лиловый

gök

синий

ýaşyl

зелёный

goňur

коричневый

çal

серый

gara

черный

köp / az

много / мало

gazaply / asuda

яростный / мирный

owadan / betnyşan

красивый / уродливый

başy / soňy

начало / конец

uly / kiçi

большой / маленький

açyk / garaňky

светлый / темный

oglan dogan / gyz dogan

брат / сестра

arassa / hapa

чистый / грязный

doly / doly däl

полный / неполный

gündiz / gije

день / ночь

jansyz / diri

мёртвый / живой

giň / dar

широкий / узкий

iýilýän / iýilmeýän

съедобный / несъедобный

gaharly / dostlukly

злой / дружелюбный

tolgunly / tukat

взволнованный /
скучающий

çişik / hor

толстый / худой

başda / soňunda

сначала / в конце

dost / duşman

друг / враг

doly / boş

полный / пустой

berk / ýumşak

твёрдый / мягкий

agyr / ýeňil

тяжёлый / легкий

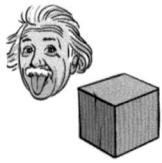

açlyk / teşnelik

голод / жажда

näsag / sagdyn

больной / здоровый

bikanun / kanuny

незаконный / законный

akyly / akmak

умный / глупый

çepde / sagda

слева / справа

ýakyn / daş

близко / далеко

täze / ulanylan

новый / подержанный

hiç zat / bir zat

ничто / нечто

garry / ýaş

старый / молодой

ýakylan / söndürilen

включено / выключено

açyk / ýapyk

открыто / закрыто

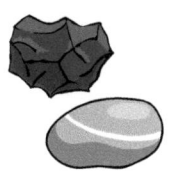

ýuwaş / gaty

тихо / громко

baý / garyp

богатый / бедный

dogry / nädogry

правильный /
неправильный

büdür-südür / tekiz

шероховатый / гладкий

gamgyly / şatlykly

ечальный / счастливый

gysga / uzyn

короткий / длинный

haýal / tiz

медленный / быстрый

öl / gury

мокрый / сухой

ýyly / sowuk

тёплый / прохладный

uruş / parahatçylyk

война / мир

0

nul

ноль

1

bir

один

2

iki

два

3

üç

три

4

dört

четыре

5

bäş

пять

6

alty

шесть

7

ýedi

семь

8

sekiz

восемь

9

dokuz

девять

10

on

десять

11

on bir

одиннадцать

12

on iki

двенадцать

13

on üç

тринадцать

14

on dört

четырнадцать

15

on bäş

пятнадцать

16

on alty

шестнадцать

17

on ýedi

семнадцать

18

on sekiz

восемнадцать

19

on dokuz

девятнадцать

20

ýigrimi

двадцать

100

ýüz

сто

1.000

müň

тысяча

1.000.000

million

миллион

iňlis

английский

amerikan iňlis

американский английский

mandarin hytaý

мандаринский китайский

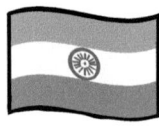

hindi

хинди

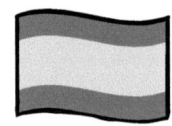

ispan

испанский

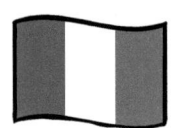

fransuz

французский

arap

арабский

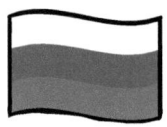

rus

русский

portugal

португальский

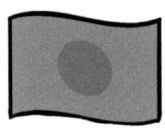

bengal

бенгальский

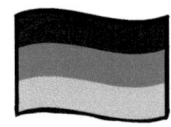

nemes

немецкий

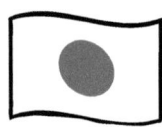

ýapon

японский

men

я

sen

ты

ol (oglan) / ol (gyz) / ol (jansyz zat)

он / она / оно

biz

мы

siz

вы

olar

они

kim?

кто?

näme?

что?

nähili?

как?

nirede?

где?

haçan?

когда?

ady

имя

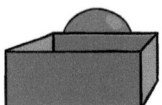

yzynda

за

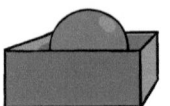

içinde

в

öňünde

перед

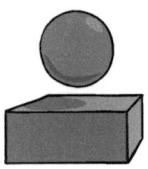

bir zadyň üsti

над

üstünde

на

aşagynda

под

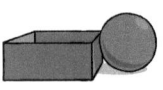

ýanynda

рядом

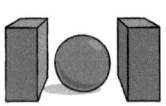

arasynda

между

ýer

место